AF500300

PAUL BRANDAT

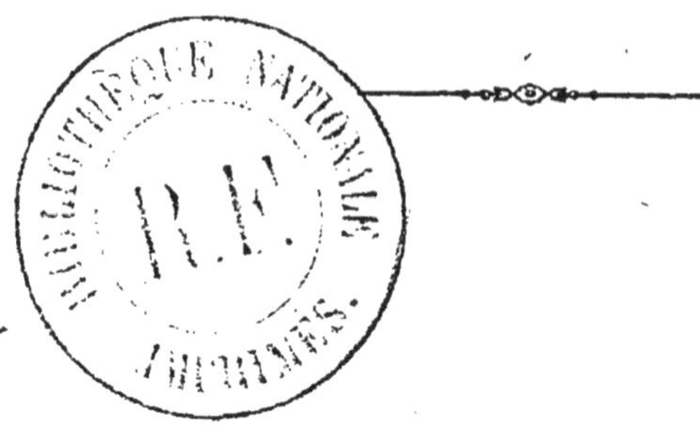

COMMUNEUX

PRIX : 40 CENTIMES

BREST

IMPRIMERIE U. PIRIOU, RUE DE LA MAIRIE, 13 *ter*.

1871

COMMUNEUX

A VENDRE

Ensemble ou séparément

UNE JOLIE PROPRIÉTÉ

Sise au bord de la mer;

Bornée au nord par la Belgique, au sud par l'Espagne, au nord-est par l'Alsace et la Lorraine.

Vue sur le Mont-Blanc.

Bois, cours d'eau, chapelles, prés et vignes.

S'adresser à maîtres Dombrowski, Grapinski, Faussaireski, Voleurski, Assassinski, *notaires à Paris, siégeant en l'Hôtel-de-Ville.*

Pour copie conforme :

Paul Brandat,
Républicain rural.

Telle est, à peu près, l'épigraphe d'un dessin que nous recevons d'Angleterre.

La France est en vente.

M. Thiers remplit les fonctions de greffier, — tel n'est point notre avis; — un membre de la Commune, celles de commissaire-priseur.

Les acquéreurs prétendants sont :

Bonaparte, dit Napoléon III, flanqué d'une coureuse d'eaux, d'un aigle et d'un enfant idiot et scrofuleux.

Un boiteux-bancal-bancroche, escorté de capucins, bénédictins, dominicains et carmes... tous gens convaincus qu'on ne saurait accumuler trop de trésors ici-bas « dans la crainte des voleurs qui les dérobent, » et de la rouille et des vers qui les mangent. »

Les d'Orléans se tâtent le gousset en regardant le boiteux, et se demandent s'il vaut mieux composer avec lui ou mettre la surenchère.

Bismark réfléchit. A ses yeux, la France est une sucrerie du Brésil dont il lui appartient de nommer le gérant. Il incline vers Bonaparte :... mieux que tout autre il bâtonnera les nègres ; mais n'est-il pas trop voleur ?...

Le membre de la Commune crie en frappant de son revolver sur la table :

— Mettez donc la surenchère, cela vaut de l'argent, sacrebleu !

Le sens de cette caricature est malheureusement trop vrai.

Notre existence nationale même est en jeu.

Les Américains — de vrais républicains, ceux-là — nous déclarent ingouvernables, et demandent le partage de la France entre les grandes puissances européennes; seul moyen, disent-ils, d'éteindre un foyer d'incendie toujours menaçant pour l'Europe.

O Schwartzemberg, comme tu fus un vrai prophète, quand tu empêchas Blücher de bombarder Paris, en disant :

— La France périra par là.

APRÈS L'ENTRÉE DANS PARIS

Nos soldats sont entrés dans Paris.

Tout nous fait espérer la fin prochaine d'une insurrection à jamais infâme.

La France aura bientôt reconquis sa capitale déshonorée.

Déshonorée.... Nous sommes dans une de ces heures solennelles où c'est un devoir impérieux de ne point reculer devant la vérité. Il faut le proclamer, nous surtout républicains, il faut le proclamer hautement : la capitale, en profitant de la présence de l'ennemi sous ses murs pour déclarer la guerre à la France, s'est mise au ban de la nation.

Quand nous serons maîtres de cette ville, aveugle complice de Bismark et de Bonaparte, allons-nous tomber dans le vieux piége et remettre le gouvernement dans Paris ?

Je fais appel aux gens qui veulent résolûment le maintien de la République.

Qu'ils renoncent à la pensée jacobine de régenter la France par l'intermédiaire de Paris ; une trop longue expérience, une expérience de quatre-vingts années nous démontre ceci :

La France veut l'ordre, et le jacobinisme ne peut enfanter que le désordre.

Le jacobinisme est la source de tous nos maux.

La France veut à la fois l'ordre, le progrès et la liberté. Le dernier mot du progrès, c'est la République.

Sans le jacobinisme, la France eût marché, lentement peut-être, mais sûrement et sans convulsion dans cette voie.

Dans ces temps de trouble, de lâcheté et de sang, je fais parfois un mélancolique retour vers cette époque sagement glorieuse où nos pères rédigèrent leurs *cahiers* pour la convocation des Etats-Généraux. Toute la Révolution s'y trouve; la nation, qui avait rédigé de tels ordres à ses représentants, tendait vers un merveilleux avenir de justice et de paix. Devant une telle unanimité de vœux, pas de résistance possible. L'histoire philosophique de la Révolution est à refaire; nos neveux n'hésiteront pas à déclarer combien la dictature usurpée par la capitale nous a été funeste.

Cette dictature a payé par des crimes atroces des progrès éphémères. Comme les grains de blé de l'Evangile semés dans un sol pierreux, ils n'ont rapidement germé que pour mourir.

Nous avons le droit d'appeler ces progrès éphémères, puisque aujourd'hui même nous nous demandons avec anxiété si nous n'aurons pas à opter entre la guerre civile et une reculade vers un passé maudit.

Qui nous a valu le 18 brumaire? — L'atroce domination de la Commune de Paris.

A qui devons-nous Napoléon III ? — Aux démagogues du 15 mai, aux insurgés de juin.

A qui devrons-nous notre futur tyran? — A l'insurrection du 18 mars.

Quel est le mal profond, peut-être incurable de la

France, cause de toutes nos plaies visibles ? — **Le culte de la force.**

Culte de Bismark et de Delescluze, de tous les despotes d'en haut et d'en bas.

Or, si ce principe détestable remonte incontestablement à la vieille monarchie, qui en a accepté l'héritage au lieu de le rejeter résolûment ? — La démagogie parisienne.

Depuis la prise de la Bastille, mais surtout depuis le 31 mai 93, n'est-il pas admis que toutes les difficultés politiques doivent se résoudre par la force ?

A cela l'unique remède est la décapitalisation de Paris.

Et puis, songez-y, républicains : Paris a droit à des libertés municipales, et ces libertés municipales, surtout avec la tradition jacobine, sont incompatibles avec le siége du gouvernement dans Paris.

Il n'est point possible à une grande cité de se débarrasser instantanément de ses traditions séculaires. Ces traditions, on les suce avec le lait ; or, s'il en est une implantée dans les cerveaux parisiens, c'est leur supériorité d'intelligence et leur droit de disposer du pays entier.

La République, plus que tout autre gouvernement, a besoin de stabilité ; un ordre durable et le siége du pouvoir dans Paris sont incompatibles : l'histoire ne permet pas d'en douter.

Que les monarchiens, qui ont tout à gagner à nos discordes, désirent retourner à la vieille routine, je le comprends.

Mais si la République est à la fois ordre, liberté, décentralisation : **Pas de Gouvernement dans Paris.**

A MM. LES MEMBRES DE LA DROITE

— Pourquoi donc ne voulez-vous à aucun prix de la République ?

— La République est le règne de la démagogie.

— Avons-nous donc un roi ? — Ne jouez-vous pas malgré vous, nouveaux Sganarelles, le rôle de républicains malgré vous ? — Ne faites-vous pas en dépit de vous de la République ? — N'avez-vous pas été élus sous l'atroce dictature du cruel Gambetta,... ce forcené qui vous a accablés... de décorations et de grades ?

— Ne nous parlez pas de cet homme, nous l'abhorrons.

— Je le crois bien, un misanthrope a dit : Voulez-vous vous faire un ennemi, accordez un bienfait..... Allez-vous vraiment nous gratifier de la monarchie ?

— Ne sommes-nous pas souverains ?... N'avons-nous pas reçu du peuple un mandat illimité ?

— Vous parlez comme d'abominables démagogues...

— Le despotisme n'a-t-il pas toujours été établi au nom du peuple ?

— Comme au nom du Christ on a couvert le monde d'échafauds et de bûchers.

— Nous sommes les mandataires du peuple.

— Vous en revenez donc toujours à proclamer la souveraineté du peuple.... C'est drôle pour des légitimistes.

— Et le peuple nous a envoyés ici en témoignage de sa haine pour la République et de son amour pour un gouvernement fort, c'est-à-dire pour la Royauté.

— Mais il me semble que vous êtes très-forts,.... et nous n'avons pas de roi. En ce moment vous faites un *tour de force* et jamais la Royauté n'en a été capable : réduire Paris.

— On voit seulement sous la République des émeutes comme les journées de juin et l'insurrection du 18 mars.

— Je crois bien, quand la Royauté s'est trouvée en présence d'une émeute sérieuse, elle a pris le chemin de l'exil. Le combat a fini faute de combattants.

— Vous aurez beau dire, la République est le règne de la démagogie ; j'en reviens toujours là...

— Qui règne maintenant ?

— Nous, j'imagine... N'avons-nous pas été nommés par le peuple ?

— Donc vous êtes des démagogues.

— Non. Car le peuple a eu le bon sens de choisir des hommes d'ordre.

— Donc la République n'est pas la démagogie... Combien êtes-vous à l'Assemblée de ducs, marquis, comtes et barons.

— Quatre-vingt-dix-neuf ; mais à peine quelques barons...

— Et de nobles sans titres ?

— Quatre-vingt-douze.

— Mais ce sont les assises de Jérusalem... N'allez-vous pas donner, un de ces jours, un tournoi aux dames de Versailles ?... on ne saurait attendre moins de la fine fleur de la chevalerie française... Tenez, croyez-moi, fils des croisés, laissez-nous, menu peuple, petits bourgeois, faire nos propres affaires, et allez reconquérir le Saint-Sépulcre qui est toujours aux mains des Sarrasins.

— Vous raillez ; mais nous vous ramènerons Henri le bien-aimé.

— Avec cent mille cierges en guise de lances.

— Et nous aurons la stabilité.

— La stabilité de 92, de 1814-1815, de 1830, de 1848 ou de 1870 ?

— La vraie stabilité, cette fois : celle qui repose sur la papauté et la légitimité.

— Je la devine votre stabilité,... pauvres petits députés, portés à l'Assemblée par un malentendu populaire, vous vous demandez avec inquiétude quel sera votre lendemain... La stabilité, ce sont des pairies, des apanages, des sinécures, des gaspillages à vous transmettre de père en fils,... des places comme celle du marquis de ***, appointé à cent mille écus pour enregistrer les selles de Louis XIV... Eh bien, nous ne voulons à aucun prix de votre Henri le bien-aimé, ni de votre capucinade ; et s'il vous plaît de perdre la France pour vous goberger à nos dépens, la France, nous et vous aussi nous marcherons de concert vers la ruine.

LES BIENFAITS DE LA COMMUNE

Nous devons à la Commune de Paris d'innombrables bienfaits :

Le mépris de l'Europe, l'insulte de l'Amérique ; à tel point que les publicistes des Etats-Unis demandaient le partage de la France, au nom du salut commun.

Un redoublement de dureté chez le vainqueur ; grâce aux communeux, il nous a fallu tout accepter de la Prusse, l'Europe nous refusant son appui moral.

Dans un moment où nous avions besoin de tant d'or et de crédit pour payer la retraite de l'invasion, l'insurrection du 18 mars tarissait nos dernières ressources. Car, ainsi que l'a dit avec raison le rapporteur de la commission du traité de paix : *Si l'Empire a conduit l'Étranger sur notre territoire, la démagogie l'y a retenu.*

A cette époque d'épuisement et de dévastation, il fallait à tout prix reprendre le travail pour payer un salaire aux ouvriers : *l'insurrection de Paris*, suivant la juste parole de M. Thiers, *a éloigné le pain qui se rapprochait de la bouche des travailleurs.*

Campagnards, vous devez votre ruine à l'Empire ; ouvriers, vous devez aux communeux de Paris l'affreuse période de misère que vous traversez.

En Allemagne, nos soldats avaient franchement accepté la République. — Après les préliminaires de paix, les malheureux prisonniers s'émurent en songeant au bonheur de rentrer dans leurs foyers. — L'insurrection du 18 mars retarda leur départ ; puis, au lieu de revoir leurs parents, qui leur tendaient les bras avec impatience, nos soldats durent faire le siége de la capitale. — L'armée, fanatisée par des intrigants, a pris en haine la République : elle serait prête pour un coup d'Etat... — A qui la faute ? — A l'exécrable Commune de Paris.

Le parti bonapartiste relève la tête et devient menaçant. Qui en est responsable ? — La Commune de Paris.

La France entière est aujourd'hui dans la main de l'armée. — A qui le devons-nous ? — A la Commune de Paris.

A Sedan, l'armée permanente s'était effondrée.

L'armée permanente, cette plaie des Etats modernes, semblait avoir rendu le dernier soupir ; la Commune de Paris l'a ressuscitée.

L'armée du 2 décembre a bien sauvé la France et la patrie :... nul n'a le droit de le nier. A qui devons-nous cette reculade et ces tristesses ? — A la Commune.

Et vous, républicains des provinces, en ne vous levant pas comme un seul homme au secours de l'Assemblée, vous avez perdu votre cause.

En ne prenant point énergiquement parti pour la représentation nationale, comme il était de votre devoir étroit, vous avez livré la France à l'armée ; et si jamais la Royauté se rétablit, ne vous en prenez qu'à vous.

Les événements actuels ne sont qu'un des actes de ce long procès commencé le 31 mai 1793 :

La France se gouvernera-t-elle elle-même ; ou Paris seul régira-t-il la France ?

La question est aujourd'hui tranchée par l'armée ; mieux eût valu la voir résoudre par des citoyens.

LA COLONNE VENDOME

A M. FRÉDÉRIC PASSY

Secrétaire général

De la Ligue internationale et permanente de la Paix

Timour-Beg, un Napoléon de l'Asie, bâtit jadis un édifice avec des ossements humains.

Pendant un de mes voyages à la côte d'Afrique, le roi de Dahomey, guerrier de profession, élevait, à la mémoire de son père, un gigantesque tombeau de briques pétries avec du sang humain. Selon les besoins de la construction, on égorgeait le nombre voulu de prisonniers.

Si, d'après Victor Hugo, un monument n'est pas un simple amas de pierres, mais une idée sociale incorporée, il est difficile d'établir une différence entre l'édifice du roi de Dahomey et

> Ce bronze que jamais ne regardent les mères,
> Ce bronze grandi sous les pleurs ;

qui n'est en somme, lui aussi, aux yeux de l'esprit, qu'un immense entassement de débris humains.

Certes, le renversement de la Colonne est un crime. Si jamais il y eut une propriété nationale, c'est celle-là. La France entière l'avait payée d'assez monstrueuses hécatombes, d'assez de hontes en 1814, 1815 et 1870... Les scélérats de la Commune ont commis un vol public.

Mais, nous n'hésitons pas à le dire, la réédification décrétée est un déplorable retour vers des préjugés funestes.

Le moment est mal choisi pour parler de *gloire*, de cette gloire surtout qui nous coûte tant d'humiliations aujourd'hui.

A vous, Monsieur, il appartient, en vertu du mandat si honorable et si lourd que vous remplissez avec tant de dévouement, de répéter encore au public :

« *Un jour de gloire coûte des années d'amertume.* »

Vous l'avez mille fois crié, sans doute, mais vous parlez à des sourds, il faut crier plus haut encore.

L'esprit révolutionnaire est la conséquence nécessaire du *culte de la force*, idolâtrie cachée sous le nom de conquête et de *gloire*. Le vrai progrès s'accomplit au *nom du droit* et *par le droit*.

Ah ! c'eût été une noble fête, une fête bénie de Dieu, si à la grande Exposition universelle, ce concile du travail, le peuple français eût convié les travailleurs de toutes les nations à renverser, au son d'un orchestre européen, ce symbole de guerre ; car *la paix, la paix seule, absolument seule*, peut émanciper l'ouvrier.

On prête à M. de Bismark ces paroles : « Dans toute insurrection de Paris, il y a un grain de bon sens. »

Si, dans l'horrible tragédie dont nous sommes à la fois spectateurs et victimes, ce grain de bon sens se montre quelque part, c'est dans cette affirmation de la solidarité des travailleurs, condamnés à la misère par des conquérants au nom de la gloire.

Mais appeler les peuples au banquet fraternel aux cris des mourants, à la lueur des incendies, c'est un crime d'abord, puis une imbécillité.

A nous seuls, *serviteurs du droit*, *apôtres de la paix*, il convient de parler de l'émancipation des travailleurs, parce que nous détestons le *culte de la force* sous ses deux formes les plus monstrueuses, la guerre civile et la guerre étrangère; parce que la paix seule donne à la fois la moralité, la justice et la richesse.

Le renversement et la réédification de la colonne Vendôme sont des signes du temps assez graves pour que le secrétaire de *la Ligue internationale et permanente de la Paix* nous dise comment il les apprécie; son sentiment sera, comme toujours, celui de la *ligue* tout entière.

PAUL BRANDAT,

Membre de la Ligue internationale
et permanente de la Paix.

LE CERVEAU DE LA FRANCE

Entendrons-nous longtemps encore Victor Hugo moduler sur sa harpe mélodieuse : *Paris est le cœur et le cerveau de la France*?

Refrain répété avec une touchante naïveté par les imbéciles jacobins de la province.

Ah! si ces flots de sang, ces incendies, cette destruction de la capitale nous profitaient au moins...

Républicains,

Sortez, au nom du ciel, de cette voie funeste dans laquelle l'abominable Commune du 31 mai 93 a fait entrer la France pour la conduire aux abîmes du 18 mars.

Convertissez-vous enfin à cette liberté que, plus peut-être encore que vos ennemis, vous avez toujours méconnue.

La liberté n'est pas le despotisme de Paris.

Renversez au plus tôt, maudissez cette sanglante idole, devant laquelle vous vous êtes inclinés trop longtemps.

C'est ce culte odieux qui a fait prendre en aversion la République par les honnêtes gens de la province.

En encourageant ce préjugé funeste vous avez rendu ceci possible : l'incendie de Paris sous les yeux des Prussiens, qui dansent et hurlent de joie.

Et, de l'autre côté du détroit, l'infâme Bonaparte se réjouit, comme jadis Néron jouant de la lyre devant Rome en flammes.

Bismark n'a pas jeté l'or en vain à ses cosmopolites, ni Bonaparte à ses agents provocateurs.

Et n'hésitons pas à le dire, sans nous préoccuper des sifflements du jacobinisme : tout Paris est coupable ; tout Paris est complice de la Commune,... les uns par lâcheté, les autres aveuglés par cette folle prétention de gouverner la France en dépit d'elle-même.

Entre nous héritiers de la sainte doctrine de la Gironde, — pour qui la liberté n'est pas un vain mot, pour qui la République n'est point l'anarchie, la sanglante domination de furieux et idiots démagogues, — et les revenants de 93, il existait un gouffre ; ce gouffre est devenu plus insondable que jamais.

Notre programme est celui des nobles victimes du 31 mai :

Fédération des départements.

Pas de Paris capitale.

Mais, surtout et avant tout, respect de la justice, du droit, de la représentation nationale.

L'HOMME DE LA RÉPUBLIQUE

En 1848, un débitant de tabac avait adopté cette enseigne :

Manufactures Nationales.

Liberté, — Égalité, — Fraternité.

mais le facétieux marchand avait fait peindre au-dessous trois vessies avec cette épigraphe :

Aux trois Blagues.

C'est une dure vérité peut-être ; mais c'est une vérité.

Laissons cette formule au rebut parmi les défroques de 93 ; naguère on la distinguait à peine sous les taches de sang des guillotinés ; elle a disparu aujourd'hui sous les éclaboussures de cervelle des fusillés.

Abandonnons au jugement de l'histoire Robespierre et Saint-Just, et prenons pour modèle ces hommes de bien qui fondèrent la vraie République au delà des mers : Washington et Franklin ; et s'il nous faut absolument une devise, prenons la leur :

DIEU

Devoir, — Droit, — Justice

Puisque toute idée semble condamnée à s'incarner dans un homme, posons-nous cette question en descendant au for de notre conscience : Quel est aujourd'hui l'homme de la République ?

Certes, ce serait un crime de vouloir susciter un compétiteur à M. Thiers à l'heure présente. Mais un successeur n'est pas un rival. La prudence nous ordonne de méditer cette succession grave, l'âge de l'éminent vieillard chargé du pénible fardeau des destinées de la France nous en fait un devoir.

Combien de temps d'ailleurs dure la popularité ?

Demandez à Lamartine,... jamais nom fut-il aussi béni dans le château, la chaumière et l'atelier?... Un moment il personnifia la patrie, pour tomber bientôt au plus profond de l'abîme de l'obscurité et de l'oubli.

En revanche, la France entière, le 3 décembre, acclamait Christ et Sauveur celui-là même que, le premier du mois, elle qualifiait de taciturne idiot et de farouche imbécile.

Il y a dans ces apostasies de la foule, frivolité quelquefois, souvent aussi justice.

Combien parmi nos politiques, à part Lafayette et Bailly, se sont toujours montrés fidèles au culte exclusif du *devoir*? Tous ont plus ou moins encensé ces faux dieux : la *popularité*, la *force*.

M. Thiers, dira-t-on, ne compte point parmi ces infidèles.

Admettons.

Mais disons-le aussi, sans balancer : M. Thiers, c'est l'homme d'aujourd'hui ; ce n'est point l'homme de demain.

Le passé de l'illustre chef du pouvoir exécutif le condamne à n'être qu'une transition. On peut le répéter après lui, car il le crie à toute heure. Ne dit-il pas à qui veut l'entendre : Mon rôle n'est point de fonder un ordre durable, mais de sauver les débris de la France.

Le vaisseau de la patrie s'est brisé sur des récifs, M. Thiers s'est bravement précipité au milieu des flots furieux pour en ramasser les épaves. Actif, intrépide, l'œil à tout, il recueille avec un soin avare tous les fragments épars de ce triste naufrage... Malheur à qui le troublerait dans cette œuvre de dévouement !... Mais de tous ces débris apportés par l'héroïque lutteur à la plage, il faut reconstruire un nouveau navire pour affronter encore l'océan et regagner le port... Est-il bien l'ingénieur prédestiné ?

M. Thiers est le sauveur de la société passée, il ne saurait être le fondateur de la société à venir.

Il le sait... Il sent tout le poids des chaînes qui le rivent au passé.

Et puis, il est de ces fatalités auxquelles nul ne peut se soustraire. Œdipe, parricide innocent, se voit maudit des dieux. Le sang souille toujours la main sur laquelle il coule. Est-ce injuste?... N'y a-t-il pas une moralité profonde dans cette horreur du sang versé par nécessité ?... D'où vient notre aversion pour le bourreau ?... N'est-il point l'austère exécuteur de la loi ?...

Déjà des visions horribles ont troublé les nuits de M. Thiers... Je n'en sais rien, mais je l'affirme. S'il en était autrement, il n'aurait point l'âme vraiment grande. Plus d'une fois, j'en suis sûr, il a répondu avec tremblement aux sévères questions de sa conscience d'honnête homme.

Pour construire le nouvel édifice, il faut un homme nouveau, sans liens avec le passé, pur de toute cabale, de toute intrigue, de toute illégalité. Il doit personnifier le devoir et le droit. Jamais il n'aura fléchi le genou devant le fétiche de la force ou l'idole de la popularité. Il ne sera point maculé par les souillures de l'émeute. La maturité de son esprit, son expérience des affaires, inspireront confiance à tous.

Que surtout il ait porté la toge... Ne remettons point au sabre le soin de nos destinées : nous nous préparerions pour avenir la condition de l'Espagne ou des tristes républiques issues de son sein.

L'Assemblée en confiant le pouvoir à un magistrat civil, au lieu de le livrer à quelque illustre épée, a fait preuve d'un grand sens.

Nous n'avons point marchandé nos applaudissements à l'acte de haute justice du 4 septembre. Le régime du 2 décembre, c'était le règne du mal. On ne peut décidément pas gémir quand on voit précipiter du trône le vol et l'assassinat. Mais nous n'avons pas hésité non plus à signaler le danger de ces coups d'Etat populaires. Le 2 décembre justifiait le 4 septembre; mais le 4 septembre entraînait le 18 mars.

L'histoire rendra justice aux hommes du gouvernement de la défense. Quelle est leur faute ?... Ils ont cru en nous. Ils ont espéré rendre un peu de vie à ce corps rongé de plaies honteuses. Ils auraient dû comprendre, il est vrai, qu'on ne peut régénérer en un jour un peuple assez infâme pour signer de huit millions de suffrages le blanc-seing demandé par un scélérat. Ils se sont trompés; ils nous ont pris pour nos pères.

Les hommes du 4 septembre doivent s'effacer devant la nouvelle République... Si la femme de César ne doit pas être soupçonnée, le futur époux de la République doit être encore bien plus d'une pureté incontestée.

Nous ne leur jetons point la pierre pour cela. Nous les avons fidèlement suivis jusqu'à leur chute. Tel était le devoir. Nous nous comptons avec orgueil au nombre des « fous furieux ». Et si nous déclarons nettement qu'il n'y a point place pour Gambetta dans l'œuvre de fondation de la République, nous professons le plus parfait dédain pour les insultes lancées à celui qui a sauvé le peu d'honneur qui nous reste.

A qui donc devons-nous confier le berceau sacré de la République ?

Quel est l'homme mûr, probe, éclairé, d'un passé intact, en qui semblent revivre la droiture et la simplicité de Franklin?... M. Guizot l'a nommé le premier citoyen de France.

COMMUNEUX ROUGES
COMMUNEUX BLANCS
COMMUNEUX NOIRS

Trois variétés de communeux se disputent avec fureur les débris de la France :

Les communeux Rouges,

Les communeux Blancs,

Les communeux Noirs.

Je définis *communeux* quiconque prétend vivre aux dépens d'autrui, ou disposer du bien d'autrui pour sa propre satisfaction.

Blancs et rouges du genre exploiteur ont même désir ; les prétentions seules diffèrent. On contentera le communeux rouge avec un litre d'eau-de-vie, une vieille pipe et du tabac de cantine ; le communeux blanc se rebiffera à moins de croix de plusieurs ordres, de chevaux de race et de filles d'opéra. Cela ressort avec évidence des propositions comiques faites en un conciliabule d'importants réunis dans le but de proclamer Henri V. Ce conciliabule avorta ; au lieu de songer au boiteux, on se préoccupa uniquement du partage des gros traitements et des sinécures. L'un des conspirateurs — on reconnaît là le cœur d'un père — prétendait à une recette générale pour son rejeton, caporal pontifical ; eh bien ! je suis convaincu qu'on eût traité à meilleur compte avec un général de la Commune. Un autre excellent père — quel désintéressement ! ces gens-là ne demandaient rien pour eux — convoitait pour son fils les fonctions domestiques de chambellan avec un majorat de dix mille écus à la clef ; ledit fils avait en effet établi, dans le journal *le Hobereau*, la chasteté de la mère de Henri V, si indignement calomniée par ses bons cousins d'Orléans... Tous, en un mot, s'apprêtaient à vivre en liesse, eux et leurs descendants jusqu'à la dix-septième génération, grâce au retour du meilleur des rois, dans le meilleur des royaumes pour quiconque a l'âme d'un tartuffe ou d'un valet.

Les communeux noirs aiment particulièrement à user du bien d'autrui pour le service de leurs intérêts personnels.

N'entendent-ils point, sur la requête de cinq évêques soi-disant français, restaurer à nos dépens le vieux fétiche à tête branlante qu'on adore au Vatican ? Et, pour ce, ne comptent-ils pas prendre bel et bien l'argent de nos bourses, à nous protestants, juifs et libres penseurs ?

Les noirs ont-ils quelque droit de critiquer la Commune ?

Mon Dieu, cette bénigne Commune disait tout simplement aux gens : Tes opinions ne m'importent guère, tu te feras rompre les os pour moi ou tu seras fusillé.

Le jour où, sur la demande des doucereux pasteurs de l'Eglise, l'on aura déclaré la guerre à l'Italie, ne tiendra-t-on pas, au pauvre conscrit, le même langage ? — Mon ami; que tu sois protestant, juif ou déiste, il faut te faire casser la tête pour le Saint-Père ou tu seras fusillé, et damné par-dessus le marché.

Les communeux de toutes couleurs ont même caractère : le cosmopolitisme. Ils affectent même dédain pour la patrie ; la nationalité, à leurs yeux, appartient à la catégorie des principes secondaires; aussi sacrifient-ils le pays sans hésiter : à une prétendue solidarité universelle, s'ils sont rouges ; — à la légitimité, s'ils sont blancs ; — à la papauté temporelle, s'ils sont noirs.

Le socialisme parisien a trouvé tout naturel d'armer, contre les Français, les communistes prussiens et russes ; les papalins de Rome ont jugé non moins simple de faire égorger leurs compatriotes par des Français ; et si quelqu'un, pour ce fait, n'a pas droit de leur jeter la pierre, ce sont ceux qui nous ont ramené le drapeau blanc à la pointe des baïonnettes de l'*Internationale* des rois.

Qu'est-ce que la France au prix de la régénération sociale? — Rien, dit l'*Internationale*.

Qu'est-ce que la France auprès du droit des castes ? — Rien, dit le fils des croisés.

Qu'est-ce que la France en comparaison de la papauté temporelle ? — Rien, dit le papalin.

Noirs, blancs et rouges ont même procédé, — la violence ; même but, — l'exploitation.

Me prenez-vous pour un libéral, dit Raoul Rigaud, c'est une insulte ; nous voulons le pouvoir absolu pour régénérer le monde.

C'est exactement le propos que j'entendais d'un personnage qui tire d'assez jolis fruits de sa piété dans ce monde, en attendant, dans l'autre, le bonheur éternel : L'Eglise ne veut pas de la liberté; il lui faut le pouvoir pour faire le bien.

Sur la question du régicide, il y a dissentiment entre les blancs et les rouges; en revanche, les rouges et les noirs professent même théorie. Ainsi, il y a peu de jours, je faillis commettre une erreur grossière en compulsant des notes, et attribuer à Rochefort et Vermech divers articles concernant le droit d'assassiner les rois, tandis qu'en réalité j'avais tiré ces extraits d'ouvrages de théologie, approuvés jadis par l'Inquisition de Rome.

A dire la vérité, en ce temps, — celui de Henri III, — le *Père Duchesne* était rédigé par des révérends pères, et les clubs présidés par les curés de Paris... Et la Commune d'alors ne valait pas mieux que la Commune d'à présent.

« Dernièrement a été accompli en France un ex-
» ploit insigne et magnifique pour l'instruction des
» impies. Clément, en tuant le roi, s'est fait un nom
» immense. Il a péri, l'éternel honneur de la
» France; une force supérieure affermissait son
» esprit et son bras. » MARIANNA, *de Rege.*

LETTRE A M. GAMBETTA

MONSIEUR,

Je ne vous apprendrai pas l'impression profonde produite par votre discours de Bordeaux.

Vous avez eu, dans cette circonstance, la grande habileté, — celle de l'honnêteté et du patriotisme.

Beaucoup de ceux qui vous avaient aimé et suivi se demandaient avec anxiété s'ils devaient vous suivre encore. Les injustices, les calomnies dont vous avez été abreuvé, n'avaient-elles point ulcéré votre cœur, au point de vous faire perdre le sentiment du vrai? Aviez-vous conservé cette impartialité, cette modération que nous admirions pendant cette période de votre pouvoir désignée par les intrigants et les hypocrites sous le nom de *terreur gambettiste*.

En dépit de votre vol de quatre cent soixante-quinze millions, — car s'il n'y a point de gens assez sots pour le croire, il y en a d'assez infâmes pour l'affirmer, — on est heureux de n'avoir point à vous renier, et de pouvoir estimer encore en ce temps de trahisons et de palinodies.

Sous cette impression, Monsieur, j'ai l'honneur de proposer à votre examen les réflexions suivantes :

Le lendemain de l'élection d'un Président de la République aux Etats-Unis, que fait-on?

On discute son successeur.

Cela est naturel et sage.

Mais, s'il est logique, dans toute République, de songer au successeur du Président nouvellement élu, combien n'est-ce point plus nécessaire dans les circonstances où nous sommes placés, et dans un malheureux pays habitué depuis tant d'années à voir son salut suspendu à ce fil,... la vie d'un homme.

Soyez-en convaincu, le grand obstacle à la fondation de la République, c'est cette inquiétude manifestée par ce propos répété à toute heure, à tous les coins de rue :

Sans M. Thiers, que deviendrions-nous, bon Dieu?

Dans de telles dispositions d'esprit, nous ne fonderons jamais la République. Les lois, les votes populaires, les acclamations, les constitutions n'y feront rien;... au fond du cœur, nous serons encore monarchistes.

Il faut pourvoir à l'avenir.

Le vrai moyen d'affirmer la République, c'est de discuter dès cette heure et de désigner le successeur de M. Thiers.

Désigner le successeur éventuel de M. Thiers, tout en appuyant énergiquement et sans marchander le chef actuel de la République, telle doit être la double politique de tout homme soucieux d'arracher la France à l'anarchie dans laquelle elle se débat depuis quatre-vingts ans.

Un successeur éventuel n'est pas un rival.

M. Thiers a l'âme assez haute pour le comprendre. A qui pourrait-il porter envie celui que l'Europe entière salue du nom de restaurateur de la France?

Si les démocrates ont la sagesse de faire le sacrifice

de leurs penchants personnels, et de présenter à l'adoption publique un nom universellement honoré, le provisoire républicain deviendra définitif.

Vous avez accumulé contre vous les haines de tous les partisans du passé ; et, qui pis est, les haines de tous les trembleurs, de tous les égoïstes, de toutes les âmes sans virilité : ce qui forme une masse assez respectable. Vos vertus civiques vous ont créé plus d'ennemis que vos fautes ; et vous en avez fait de grandes cependant.

Votre talent, votre passé, vous appelaient à jouer un grand rôle dans la République... Ce rôle pouvait être funeste au pays si vous n'aviez eu le patriotisme d'immoler vos rancunes, — assez excusables pourtant.

Ce sacrifice vous l'avez fait, et vos paroles ont trouvé partout un écho sympathique.

A Bordeaux, vous avez exposé votre mission véritable : fonder la République, par une inébranlable défense des principes, en *abandonnant le pouvoir aux hommes d'un autre camp.*

Pour que vous soyez possible, notre pays a besoin de pratiquer longtemps les institutions républicaines ; vous avez besoin, vous aussi, de pratiquer les hommes et de laisser l'âge et l'expérience modérer votre tempérament.

La France n'est pas mûre pour vous ; vous n'êtes pas mûr pour la France.

Gambetta voudra dire **REVANCHE**.

Nous n'en sommes point là.

Ne convoitez pas le pouvoir : votre désintéressement vous vaudra une gloire plus solide ; vous ferez plus pour votre pays par une noble indifférence des honneurs et des dignités.

Sortir du provisoire par des décrets, des lois, des

constitutions, cela n'est rien, je le répète ; il faut en sortir moralement.

Le roi est mort, vive le roi ! c'est le grand argument des monarchistes... Il nous faut, pour les battre, donner la preuve de notre capacité de prévoir.

Après M. Thiers ?... Que ferons-nous ?... Il faudra bien en revenir à la monarchie...

On le pense, on le dit.

...Nous devons à la France une réponse claire, nette, catégorique à cette question formidable : Après M. Thiers ?

Pour nous, nous n'hésitons pas à le proclamer : le citoyen sympathique à la nation, digne par son caractère de diriger nos destinées, c'est le Président de l'Assemblée nationale.

PAUL BRANDAT.

Brest. — Imp. U. PIRIOU, rue de la Mairie, 13 ter.

Ouvrages de M. Paul Brandat

La Démocratie et la Liberté. .	**0 fr.**	**50**
La République Constitutionnelle.	»	**50**
Monarchie et République. . . .	»	**25**
La Religion et l'Instruction aux Etats-Unis.	»	**50**
République et Gouvernement en province.	»	**75**
Commune et République. . . .	»	**50**
Liberté Départementale	»	**30**

Paul Brandat et Frédéric Passy.

LA COLONNE

Se trouve chez Pichon, rue Cujas, 14, à Paris, et chez tous les libraires. — Prix : **25** centimes.

www.ingramcontent.com/pod-product-compliance
Ingram Content Group UK Ltd.
Pitfield, Milton Keynes, MK11 3LW, UK
UKHW012306240726
13966UKWH00004B/1677